Palingénésie

Palingénésie

Écrits doctrinaires de trois poètes du siècle
Anthologie de la force poétique

À vous, mes chers lecteurs

Vous m'avez fait l'immense honneur d'acquérir ce recueil, à l'esthétique approximative, à la portée médiatique inexistante et, disons-le, au potentiel littéraire discutable.

Qu'importe ! Maintenant qu'il est entre vos mains, il serait idiot de ne pas poursuivre cette étrange expérience que l'on appelle *lecture*. La rencontre fortuite et émouvante, d'un cœur écorché et d'une âme en mal de vivre.

Considérez donc cette ébauche de travail poétique comme un témoignage, une trace écrite des fulgurances de trois jeunes cons.

Lecteurs, les trois poètes dont vous vous apprêtez à parcourir les vers sont de jeunes foudres de guerre instables, encore naïfs, espérons-le, et sclérosés par un idéalisme fou, une soif de vivre que la seule poésie a du mal à épancher. Vous allez aussi ressentir cette soif ; cette tyrannie de la soif. Criez ces vers, et vous serez désaltérés.

Cette volonté de puissance d'une jeunesse qui ne veut pas mourir, ce chant du cygne de trois jeunes catholiques français, est en un sens une démarche violente ; je vous le concède. Mais la violence est une solution.

Le XXIème siècle n'a commencé que comme la continuation molle, lente et obèse d'un XXème siècle fou, et le troisième millénaire, lui, tarde à venir. Il est donc temps de mettre fin à la fin de l'histoire.

C'est pourquoi vous serez amenés à explorer des postures théoriques, rhétoriques et même militantes, comme autant de jeux de langage aux fonds insondables, comme le nouveau spleen de ma jeunesse.

N'y voyez aucune revendication, mais de la pure fougue, de l'excitation juvénile pour le combat, les élucubrations de jeunes poètes, voulant casser et reconstruire, les arcanes branlants d'une modernité contre-authentique.

Nous sommes de jeunes embryons baudelairiens, dépolitiqués, des demi-Rimbaud excités par le voyage, des apprentis Mallarmé obsédés de perfection, des Apollinaire à l'ivresse facile ; des Chateaubriand ou rien.

Nous avons recueilli la poésie, alors que sa vieillesse vénérable l'avait rendue petite fille ; une enfant chétive, battue par ses parents : modernité et tradition. Au crépuscule de sa vie, la vieille dame était si fragile qu'elle n'aurait pu combattre le troisième millénaire, si je ne l'avais veillée, chaque soir de ma foutue jeunesse, en lui contant ma misère et mes péchés.

Ce ne sont donc ni l'ambition ni l'audace qui nous poussent à écrire, mais notre devoir d'État.

Vivons, ici-bas, d'un peu plus de poésie.

Et même si, lecteurs, vous veniez à vous trouver offensés par des vers trop scabreux, trop violents ou trop vulgaires, je vous saurais gré de relire un peu de littérature, pour enfin vous confronter à la vraie crasse, à la puanteur brûlante et dégueulasse de l'enfer.

Mais, chers lecteurs, en parlant de la sorte je sais pertinemment que je ne m'adresse pas à vous, mes amis, mes semblables, mes frères.

Je parle au système moral absolu dont je chante le *requiem* ; je parle aux juges, à ceux qui trouveront la faute dans la formule, dans l'expression déviante, pour justifier leur procès kafkaïen, pour me traîner en place de grève à la première occasion, nu, à la vue de tous et enfin pouvoir se satisfaire religieusement de m'avoir anéanti. Car oui, le projet moral est un projet de purification.

Alors qu'ils aillent au diable ces puritains de l'esprit, ces pharisiens engraissés à la morale kantienne !

Je ne crois qu'aux vérités de Dieu.

Et j'emmerde les tartuffes, les doux despotes de la pensée et les endormis dogmatiques.

Mes vers,
Les vôtres,
Ceux des autres…
Les leurs s'ils le veulent !
J'assume tout.

Votre serviteur poète,
Guy Sablon.

Sous la sainte égide de ses compagnons de toujours,
Arthème Fabre
Baudouin d'Héricourt

Prologue contre la moraline

« *Le langage de ma bouche, il vient du peuple : je parle trop grossièrement et trop cordialement pour les pleutres en habits de soie. Et ma parole rend un son plus étranger encore pour les buveurs d'encre et les plumitifs.*

Ma main est une main de fou : malheur à toutes les tables et à tous les murs et malheur à tout ce qui a encore de la place pour les ornements et les barbouillages de fous bouffons !

Mon pied est un sabot de cheval, et je galope et je trottine par monts et par vaux, dans un sens, dans l'autre, de-ci de-là et j'ai le diable au corps de plaisir quand je cours vite.

Mon estomac, n'est-il pas, à coup sûr, un estomac d'aigle ? Car ce qu'il aime le mieux c'est la chair d'agneau. Il est certainement un estomac d'oiseau.

Nourri de choses innocentes et de peu, tout prêt et impatient de prendre son vol, de s'envoler, voilà ma façon d'être : comment n'y aurait-il pas là quelque-chose de l'oiseau !

Et d'autant plus que je suis l'ennemi de l'esprit de pesanteur, cela c'est la façon d'être des oiseaux : et en vérité j'en suis l'ennemi juré, l'ennemi héréditaire, l'ennemi mortel ! Ô où ne s'est pas envolé, ne s'est pas égaré le vol de mon intimité !

Je pourrais chanter bien des chansons sur ce sujet, et je veux les chanter : bien que je sois tout seul dans la maison vide et que je doive chanter pour mes propres oreilles.

Il existe d'autres chanteurs, il est vrai, il leur faut une maison pleine pour leur amollir le gosier, pour rendre leur main éloquente et leur œil expressif, et leur cœur éveillé, je ne suis pas pareil à ceux-là. »

Friedrich Nietzsche, *Ainsi parlait Zarathoustra*

Requiem des sentiments moraux

Par Guy Sablon

« *Tous les imbéciles de la Bourgeoisie qui prononcent sans cesse les mots : "immoral, immoralité, moralité dans l'art" et autres bêtises me font penser à Louise Villedieu, putain à cinq francs, qui m'accompagnant une fois au Louvre, où elle n'était jamais allée, se mit à rougir, à se couvrir le visage, et me tirant à chaque instant par la manche, me demandait, devant les statues et les tableaux immortels, comment on pouvait étaler publiquement de pareilles indécences.* »

Charles Baudelaire, *Mon cœur mis à nu*, XLVI, 83

Palingénésie

Il n'est plus de temps,
Dans lequel je ne puisse vivre : je suis partout chez moi.
Au temps des grands poètes ivres ;
Et de la guerre, et de la loi.
Antérieur à ma douce folie, celle qui s'agite devant vous,
Qui anime la bestialité du peuple fou,
Celle de la grappe de mon cerveau malade,
Nourrie par la brume des Cyclades.
Et voilà qu'il est revenu, mon enfant.
Prends place à ma table, siège en ton domaine, celui des terres
que tu défends.
Fils, bois ce vin béni,
Poison des dionysies,
Et crache-le sur le monde,
Car il est fade.
Le monde chétif et grelottant ; terrible diable polymorphe ;
Qui, se muant en monstre véritable, accouche du peuple
                                    [des amorphes.
Crie bien fort ton dégoût.
Crie, fils, crie comme un fou.
Sois soûl, proclame l'agapè,
Récite avec moi cette obscure mélopée.
Brûle en moi fils.
Porte ma voix au-dessus des murailles du temps,
Le temps béni des combats,
De la haine et du sang.
Bientôt, comme je l'annonce,
Depuis mille ans,
Je serai mort. Alors,
Mon fils,
Tu prendras ma suite, vainqueur, du royaume des morts.
Je t'aime,
Mais je le dis ce soir :
Demain, je pars,
À l'instant, béni trois fois par Dieu,
De l'Aurore,

Les aurores du monde d'ici-bas.
Entends la mélodie, le bourdon et le glas,
Mets deux genoux à terre,
Vois l'aurore, et sa lueur millénaire, qui réchauffe les
                                    [clochers intérieurs.
Mon fils, le tocsin a sonné,
Je pars vers le Seigneur.

Histoire du temps contemporain

Le vent dissymétrique
Des mers Baltiques
Caressait mon Spleen torturé
Du début des mois d'été.
Dans ces égarements théoriques
Mon esprit abdique.

Et me voilà fou.
Je me trouvais fou.

Une folie relative.
Relativement pure.
Une folie craintive,
Des poètes aux azurs.

Plus rien n'excitait
L'effronté
Le Romantique
Au lys et à l'épée.

Chevalier errant,
À la monture incertaine
Parti combattre, à demi boiteux,
Les bellâtres
Les monstrueux.

Retiré des cycles,
J'observais l'éternel retour des dés
De mon antre élevé aux cieux azurés
À la mesure de l'éternel sicle.

Mais partout se retrouvaient ligués
Contre les puissances éruptives,

Magmatiques et plaintives,
Des barbares déchaînés.

Qui d'airain
Détruisaient toute mystique.
Ils semaient,
Au bon vent des âmes affamées,
Le poison aux réalités éthiques.

Parfois, j'assistais au spectacle,
Celui des combats,
Celui de l'arène,
Le spectacle latin.
Esthètes de la haine,
Dissipés par le vin

Le spectacle, la distraction,
Le théâtre tragique.
Contre-hellénistique,

Celui d'une chute,
Celui d'une ascension,
Celui de la pute et de sa soumission.

Considérations métaphysiques

Des lieues entières, rondes et précises
S'égrenaient en pierres exquises.
J'étais,
Pleinement défini dans l'être spirituel.
Elle m'obsède, mais qui est-elle ?
Trois longs jours.
Du rien.
À considérer le vol du vautour
Pour rien.
Et moi, je n'écrivais plus.
Mais par la grâce de Dieu
Cela me plut.
Médite et ne prie pas.
Je développais, dans mon être frustré
Le goût pour le combat,
La rudesse
Et l'inconfort.
Eux m'abandonnaient, traversant l'hivernale pensée
De l'auguste foi.
Ces vertus ?
Plutôt ces défauts juvéniles ?
Ont-ils tort ?
Sont-ils le lien mystique déterminant l'exploit ?
Qui ne saurait ?

Je suis terrassé.
Par l'aura,
L'aura poétique des temps.
Puis surgira hier les vérités,
Et je serai mort demain.
Victime des modernités
Et de ma déclinante main.

Folle,
La main de fou.

Au désespoir d'habiter demain l'Europe

Feuilletant,
Les replis nichés des mythes troyens,
Je conclus hâtivement, sous le contrôle socratique,
Ma descendance hellénistique.
Je suis Celte, Grec et Romain,
Me voilà européen !
Civilité du temps qui se perdra
Un temps,
Dans le pays découvert,
Des princes   mahométans.
J'ai lu la Bible par deux fois
Alléluia !
Poétiquement dans le cœur
Et mystiquement dans la foi,
Pascal et moi !
Nous rions
Nous chantons,
Nous dénigrons les lois.
Revenir à la vie,
La vie perdue du règne humain
Est une sottise.
Je veux vivre dans l'ascèse
Combattre la bêtise et l'exégèse.
Dominer les déterminances.
Assumer la primauté de mon essence.
Et respirer à jamais,
L'air pur
Du royaume féodal
Libéré des odeurs bestiales.
Voilà ma ligne de conduite,
Lyriquement traduite.
Deus vult !

Amor Fati, à mort prophétie

Ce soir,
L'évidente voie d'absolu m'appelle.
En quelques violences de la destinée,
En cette archaïque nuit d'Idumée,
La plénitude m'interpelle.
Si fine, elle m'enlace,
La curieuse m'apparaît, gracieusement   imparfaite,
Et m'aime comme les charmantes des songes d'été.
Ce cantique des temps nouveaux
Reposait en vérités acerbes
Entre les mains de Dieu.
Privation illuminée de la consciente noirceur.
J'écoutais la poésie des rythmes creux,
Ceux de la Terre,
En-deçà des cieux.

Certaines des implacables conditions finies m'enferment,
Mais un baiser, brûlant de destin, m'a adoubé.
Je pars.
En un temps divinement fini,
Où les modernités
Sont esclaves de la reine imperfection.
La mission d'au-delà,
Par-delà,
Par d'autres mondes,
D'outre-tombe.
J'accepte cette insoluble modération spirituelle,
Et m'abandonne à mon sort d'ermite des temps.
Qu'elle jaillisse mille fois
Et règne enfin,
L'idée commune
Au cœur des Hommes et des puissants.
Pour qui ils claironnent.
Pour qui elles se font nonnes.

Récitez à haute voix ce credo mystifiant.
Prenez la nature comme socle,
Replacez votre monocle.
Quant à moi je vous crie,
Dans une ultime expiration,
Un jour
Du ciel il reviendra
Notre seigneur
Et notre roi.

Requiem des sentiments moraux

Absurde nécessité de l'enivrement théâtral
Que de pleurer sur une ville glaciale
Par les fenêtres
D'où tu pénètres
Ces diablesses soumettent nos larmes
Aux jugements déracinés d'un parterre d'esclaves absolus
Vous êtes d'un macabre ennui vous les ingénus
J'enrage de prostituer ma plume à votre simple mépris
Vous qui naissez en la terre des géants
Portez haut l'héritage du génie
Car ce confort ennemi
Nous tue par de simples caresses
Obsédante   jouissance   moderne
Cajole notre paresse
Impure la piété au cœur des Hommes
La morale des faibles
La morale des Hommes
Toi l'Apollon noie-la
L'ivraie
En ces troubles marécages de paix
Que la profondeur du corps cynique
Émerge en la force d'un poème tragique
Mais elle retombe bas
En larmes amers
Aux égouts pourris d'une ville ignoble
Malheureux miraculés de la cité des ouailles

Où commencera hier la bataille
Par là et partout
Viendra le jour
À l'aube
Où les larmes pleuvront
Et la ville sera sainte
Et la tarentule
Celle du diable qui brûle
Exultera

Car le véritable sera
Et moi
Allongé sur la branche aînée
De l'arbre des vérités
Je crierai
La France
La France est libérée

Hors-la-loi

Sans moi-même et contre tous :
Je respire la nuit pour éveiller mes peuples.
Je suis le prince des royaumes que l'on dépeuple.
Le roi-poète, ennemi de tous.

Les démons noirs, les arlequins et les amants,
Sont mes premiers sujets.
Ils conduisent ma plume au firmament,
De l'hémistiche jusqu'au rejet.

Mais lui aussi veille,
L'Archange.
Il détourne mon regard des déesses païennes.
Il clôt ma paupière sur la dernière vision du soir ;
Celle de mon empire dont j'ai chassé les hyènes,
Et de son royaume
Où le trône est amour
Et le sceptre est espoir.

En attendant je prie.
Sur les chemins boueux du domaine intérieur.
Au-delà des murailles
Éclairées du feu de Saint-Jean,
Tranquille et protecteur.

Dieu est là, vous aussi.

Mais le souverain déchu,
Que je suis parfois
Quittant son trône, à bout de force,
Jamais, dans sa misère, ne fait douter sa foi,
Il pèlerine ou s'exile, un pieu dans le torse.

Et les soirs,
Alors,

Sont moins clairs.
La lune n'est plus une amie,
Cette vieille mégère.

Je marche longuement,
M'écrase sur la grève,
Goûtant la puanteur des rues débonnaires,
Au beau milieu des déphasés.

Je cogne, au hasard des portes,
On m'ouvre, le monde se dérobe.
Je m'enivre de ce parfum de vie,
Car j'ai quitté la vie.

Un Corse bourre sa pipe aux parfums jurassiques.
Les bouffées garnies embaument la chaumière,
Mon corps vole dans les douceurs amères.
Moi l'illuminé,
Je suis le gourou sikh,
Je parade ganté, sur la faîtière.

Et m'éveille,
Ouvre des yeux poétiques :
Regarde mon royaume
Et interroge le ciel,
Que s'est-il donc passé ?

Ce soir-là,
J'ai enfin défié la nuit.
Ce soir-là,
Je terrassais ma tendre ennemie.

La caverne n'est plus vide

Dans un ermitage involontaire,
Au fond de l'humanité,
Dans une vallée morte depuis mille ans ;
Croupissent des damnés, des misanthropes, des marginaux,
                                    [des hurles-au-vent,
Et cette cour impériale meurt dans les silences sibériens.
Maudits et parias ;
À la foi de fer,
Qui se morfondent, les deux genoux à terre,
L'un sur chacun des deux continents.
Alors que leurs cantiques miséreux s'élèvent, se nouent et se
          [défient en notes graves sous la voûte coloriée de la grotte,
Un grand sage, venu des deux faces du monde, ralliant les
                                    [tristes tropiques,
Se présente à cette foule moribonde,
Leur livrant les principes lévitiques.
Que dire à ces esclaves des cavernes ?
Que jamais plus l'étendard de leurs contrées soumises ne sera
                                    [en berne.
Doivent-ils suivre une lumière qu'ils ne connaissent point ?
À jamais, avoir le Christ au poing ?
Doit-on leur dicter les sentiments moraux ?
Non lecteur, car moi, je chante le *requiem* des sentiments
                                    [moraux.

Scènes de la vie prénéantique

Par Guy Sablon

"Understand me. I'm not like an ordinary world. I have my madness, I live in another dimension and I do not have time for things that have no soul."

Charles Bukowski

« *Assurément, la lecture de cette description pourrait provoquer en nous la douleur, la colère ou toute autre émotion, ou nous pourrions lire quelle a été la douleur ou colère que ce meurtre a suscité chez les gens qui en ont eu connaissance, mais il y aura là seulement des faits, des faits — des faits, mais non de l'éthique.* »

Ludwig Wittgenstein, *Conférence sur l'éthique*

Marine périphérique ou le baptême d'un juste

Vent du Nord,
Enfin.
Vol d'étourneaux, nuage signifiant,
Essence d'Hellébore, précis d'élevages floraux...
Et un stupide parfum tuméfiant qui me tue.

Un homme, implore les trois divinités du ciel, un fusil à la
[main.
Ses pleurs émeuvent le seul rien.
Cet homme est soldat et marin ;
Battant la campagne, le rien,
Cherchant où boire,
Comme un marginal :
Aux civilités endormies !
Le marin se noie, de retour de Byzance, dans une flaque brune
[lapée par un chien galeux-moderne. Deux aboiements.

L'Homme trempe sa tête, Jean le Baptiste.

L'insensé, le véritable ;
Que vient-il faire en cette étable ?
La campagne se vide, à mesure qu'il pénètre
Hameaux et sous-bois.
Mais de quoi se vide-t-elle cette foutue campagne ?
Elle qui disparaissait jadis sous l'homme et sans lui.

Campagne électrique
Campagne cabossée.

Le marin s'assoit sur un dolmen enchanté au coin d'une route
Minable et inutile.
Deux druides, conciliabule savant, parlent de Saint-Thomas.

Les alentours sont désespérément plats,
Vides et pleins de vide.
Platitude des prénéantiques.

Le peuple est à une bonne heure de rêve - fluctuant selon
[l'humeur.
De ce peuple, il ne connaît ni l'ombre ni les coutumes
[étranges,
Seulement l'écho d'un gros bourdon de basilique
[ultramontaine,
Qui, de mille lieues, vient rappeler son âme
Fraîchement chrétienne.

Qui sont donc ces hommes qui ne croient plus aux anges ?

Nuit urbaine, vivre au temps de la prison minérale

Feu-follet virevolte, armé d'une lance
Entre trois grands troncs morts de peupliers.
Le petit roi le voit, c'est sa chance ;
Son âme souffle, entend la foudre ; il est spolié.

Quoi qu'il en soit, c'était la dernière fois qu'il se sentirait vivre.
Car il doit, inlassablement, y revenir, dans sa geôle.

À la gare ferroviaire,
Non loin de la possibilité d'une île,
À la volonté près d'un nouveau départ,
Il roule sur un quai désert. Le quai du Nord.
Une dernière fois, malgré tout il s'enivre ;
À coup de vers et de pétun, à coups de crasse et de mort.

Le voyage se passe.
Chaudement...dans un état de fièvre perpétuelle.
Moi, âme vagabonde,
Je suis toisé du fond du compartiment,
Par le seul être vivant du cheptel,
Un petit moine caduc, grelottant, qui prie Dieu en voyant le
                                                 [poète.

Le nomade poétique s'est placé dos à la mort,
Comme le rameur de feu, le bagnard des galères royales.
Devant lui, la plaine accueillante ; il quitte à regret son
                                               [royaume féodal.
Il se tue, et vers la mort !

Se découvrent sur ses deux côtés
Les remparts complaisants du Tartare d'ici-bas.

Le voyage se termine dans le bruit crissant du freinage,
De la lourde machine du diable.
Face à nous, un océan contrasté de fer et de foudre,
À la surface duquel surnagent des corps inanimés.

Le troupeau semble gracié,
Par la bonté des grands chefs,
Il s'en va jouir dedans les faubourgs lubriques.
Et c'est à ce moment,
Que mon corps émacié
Vous quitte :

Car c'est ainsi que se termine,
Mon obscure chronique.

Chronique

J'ai estimé, par trois fois, le rayon de jour ;
Osant m'importuner !
Pénétrant dans mon Spleen de toujours ;
Depuis, l'extériorité hostile de la rue,
M'exhortant au levé,
Ce cocu !

Le petit rayon, merdique de lumière,
Était filtré par la crasse des carreaux.
Il trouvait le moyen de faire le fier,
Se croyant plus fort que les rideaux.
Heureusement, je ne le crus point, ce coquin, ce farceur !
Lui, qui se prenait pour un autre,
L'ouvreur, du monde et de son théâtre.
Le projecteur, qui brûle les planchers...

Car à mesure que l'heure avançait, il rougissait,
État contradictoire, de la propriété d'Hélios ;
Et je le compris vite,
Malgré le pacte et Dionysos.

Il m'a donc trompé, cet instrument lumineux,
Me faisant miroiter une belle matinée de Printemps.
Cet emmerdeur, était un trompe-pénombre,
Il finit d'ailleurs par s'éteindre,
Emportant avec lui les ombres,
Des derniers badauds,
Dans une rue qu'ils avaient l'habitude de craindre.
C'est une invention, des modernités peureuses,
Qui ne connaissent ni le prix, ni le goût, de la pleine obscurité.

Je ne crois donc plus les modernités...
Il y a bien longtemps que je ne crois plus aucune de ces garces,
Bien trop amusées, bien trop habituées à la farce.

Mon heure n'était donc pas venue, contrairement aux dires du
[lampadaire.
Je devais trouver le moyen d'appeler à nouveau le sommeil,
J'ouvris un bréviaire suranné, aux accents sulpiciens,
Si je ne dors plus, au moins l'éveil
Me conduira à Dieu,
Et j'aurais sommeil, parmi les siens.

Rien à faire, je suis éveillé.
Je suis même sorti du sommeil dogmatique.
Je suis tout nu dedans mon lit et je médite.

M'apparaissent alors, mes monstres familiers.
Dont une harpie que je traîne depuis le berceau,
Que je vis plus que ma tendre mère,
Et à laquelle je cause
Pendant qu'elle agite autour de moi,
Des cerceaux enflammés, envoûtants et tortionnaires.

Cette dame sombre :
Ma confidente, n'est plus qu'un second rôle.
Elle est l'ornement des spectacles circassiens,
Qui à ce moment commencent,
Dans le cloître cistercien.
Au moment où elle est mûre : ma Démence !

Plus rien n'est fade dans cette chambre à coucher ;
Qui devient à minuit passé,
Le spectacle drôle,
De mes drôles de pensées.

Et le spectacle recommence.

Viennent tour à tour,
Singes et singeries,
Chorégraphes simiesques.

Et trois boas-arabesques,
Consentis, qui glissent, insensiblement dans l'oubli.

L'arlequin dont je parlais voilà mille vers,
A retrouvé sa couleur,
Se caméléonisant aux tons de cette chambre aquarelle.

Des sorcières égyptiennes chantent,
Chœur gothique ?
Toute cette musique hante mon cœur nostalgique.

Voilà le tableau de mes nuits, peint par mes délires.

Maintenant qu'il est tôt.
Je peux peut-être enfin me décider à sortir,
Dans une nuit qui, vidée des esclaves effrayants ;
N'a plus rien du cauchemar d'antan.

La nuit est absolument pleine.
Comme au temps prénéantique.
Le temps des plaines païennes
Et des courses hippiques.
Me voilà d'ailleurs sur un champ de course,
Dans un char, tiré par une jument nerveuse.
Taïaut ! Taïaut ! Taïaut !
J'aperçois le dernier homme
Et sa mine crasseuse.
Il est tout nu et court circulairement.
Voici venu le temps que je devienne à mon tour son geôlier.
« Toi, Homme de la fin des temps
Je le dis,
Tu n'es plus chevalier ».

Et il m'échappe...
Le voilà Pape.

Dans une forêt primaire, loin

Un vieux cabanon, poste-frontière,
Me tient en respect.
Le voyage est terminé.
Le douanier courbe l'échine comme un galérien des grandes
[heures.
Il est cinq heures :
J'enflamme ma pipe et les rêves peuvent commencer.

À ma droite,
Au bord d'une laie étroite, qui revient des entrailles d'une forêt
[de chênes sages,
S'abreuve un ânon,
Fils du garde-frontière.
Dans cette galerie de chenus,
L'homme bat des faisceaux de bois rare
Enflammés à l'élixir d'ayahuasca primaire.
Accroché à son ceinturon : un kandjar à lame nue.

L'horizon n'est plus si net.
La forêt centenaire est derrière moi.
Mauvaise augure, le vol du gypaète
Dans les vallées profondes du Jura.

Vallée, écrin protecteur du règne humain,
Gardée par un templier fou. Un alchimiste pyromane.
J'ai tué ce garde-fou et brûlé toute sa manne.
La vallée fertile que mon camarade de marche me décrivait
N'existe plus.
Elle s'est dépouillée de son habit.
Cela me plut.

La messe sera dite ici-même.
Là-bas, j'érigerai l'autel.

Mais avant,
La campagne reste nue, fidèle à elle-même.
Elle est un champ de mine, une scène de guerre.
Un cimetière.
Un champ de bataille neutralisé par les toxines.

Où je peux enfin écrire en paix.
La lumière est plus belle, dans ce paysage que rien
n'encombre.
Un paysage de décombres :
Vidé des faux suspects.

Je suis bien seul, au milieu de cette terre de feu,
De cette terre des hommes.

Car personne ne s'intéresse au néant,
Sinon les poètes
Qui y projettent leurs visions,
Y observent leur érosion.

Naissance et mort de la poésie :
Palingénésie.

Poésie comme mystère

J'ai goûté à la poésie ;
Comme au fruit défendu.

Nectar incompris,
Par la foule des vendus.

Une mélodie simple,
Par trop parfaite !

Pour être désirée
Des simples esthètes.

Délectez-vous, esprits du monde sensible, de son parfum de
vie.
Ce fruit de Dieu, dont les délices ne mènent pas au péché.
Il vous l'offre, il vous donne cette envie,
De dire, en vers, l'amour empanaché.

Choisir le néant

La consolation est un art difficile
Et je m'y astreins,
Du mieux que je peux.
Et quel meilleur repos que le creux de tes cils,
Pour vivre sans fin des jours heureux ?

Mais, ma mère, tu es loin.
Depuis combien d'hivers es-tu partie ?
Je ne me souviens que de ton ombre sous le soleil d'Afrique.
Quand la soif, vicieuse et invisible me torturait.
Tu devenais, quelques secondes bénies,
Mon mirage consolant.
Mais aujourd'hui, je suis déterminé à réussir ma mort.

Désormais, la consolation je la trouve dans les promenades
Orphiques ;
Vers les limites du monde connu.
Alors, je suis l'équilibriste conteur,

Traversé par la foule inique des sentiments moraux...
Sensibilités rejetées dans le Pandémonium
Aux mains des marginaux.

Qui sont-ils ?
Ceux qui ont choisi le néant.
Mais la consolation est l'art des justes.
Et je dois y laisser mon âme.

Prospective et vues alucides du monde contemporain

Tôt le matin, ma casemate citadine s'éveille.
Le siège est terminé, le bastion a tenu et j'ai sommeil.
Malgré le tir nourri et les assauts incessants,
Des éternelles modernités guerrières,
Malgré l'odeur impavide de cadavre putrescent
J'ai défendu cette maudite tanière,
Le Sinaï des derniers poètes de l'humanité.

À ce moment du jour, lorsque le soleil point apeuré à l'horizon,
Par peur des représailles, le calme est atomique.
C'est durant ces secondes bénies, que les muses intercèdent.
Aucune interférence, silence catholique,
Et les vers anacréontiques
Dans le bruit sourd de l'aube se succèdent.

Je pressens alors les rêves qui hanteront mes nuits prochaines.
Et scrute un horizon vide, encore ivre des idées d'hier.
La nuit pourtant, n'est pas encore si lointaine.
Je l'entends m'appeler
Par-dessus mon épaule nue,
Elle veut que je demeure avec elle, l'ingénue,
Un rêveur éveillé,
Hors du siècle
Des réprouvés.

L'Asmodée

Je longeais les amarres vieillies
D'une frégate anonyme,
Faite de bois bouilli
Et d'ardeur maritime.

Elle cuisait, toute seule, sur le débarcadère
Depuis la noble mort de notre Abd el-Kader.

Le port d'Alger,
Comme l'aventure moderne,
A définitivement tué
Ses odieux subalternes.

Le génie, l'audace.
Le culbénit, la pétasse.
La force et l'honneur,
Le divorce et le malheur.

Quoi qu'il en soit...
Les docks étaient vivables ;
Chargés de la puissance,
De toute une journée, d'un zénith solaire,
Et leur chaleur accueillante du soir,
M'accompagnait jusqu'aux soirs de l'errance,
Et les bocks mousseux,
De plus en plus tard,
Étiraient les artifices de mes nuits enflammées.

Je m'y sentais vivre, dans ces contre-allées de l'existence.

L'infortune choisie,
De cet exil algérien,
Me permettait encore

De jouir parfois
Au détour des cycles infernaux,
De mes pulsions de mort.
Je rimais, dans le fantasme insatiable d'un retour de mon
[armée.

Patience donc.
Entre les grues,
Les goélands vengeurs
Et quelques Arabes beurrés.
Des haleurs naïfs auxquels le soleil amarré,
Jouait quelques tours,
Depuis les tours du prieuré.

Les combats aériens, des rapaces d'Arabie
Divertissaient mes journées d'ivresse,
Celles que je passais en compagnie d'un volume hugolien,
D'un volume d'anis, d'un brin de pétun et d'élans de paresse.

Les tas d'algues pourries,
Le mazout odorant
J'embarque et je ris,
Jusqu'aux côtes d'Oran.

Mon *Amiral-Bragueton*
Est un rafiot troué,
Qui ne peut malgré tout,
Ni boire ni couler,
Vers l'inconnu du large.

De longues heures de navigation
Trois bouteilles de vieux Porto
Des senteurs de végétaux,
Et le rade d'Oran me fait face

Je tire trois coups de canon
Le *muezzin* me répond :

Je ne peux raisonnablement lui donner tort,
À ce fils avorté de Pandore.

Mon radeau est arrivé à quai
Sans rame ni laquais.
Je suis attablé au café de Paris
Et déguste un grand verre de Brouilly.

Aviné, j'ai le mal du siècle et celui du pays.
Je me tourne vers la grande abbaye,
La citadelle d'où provient l'Adhan,
Et médite deux siècles durant...

***

Je m'éveille dans les temps contemporains,
Les rues sont ternes,
Pareilles à celles que je fuyais naguère.
Je ne suis plus dans le phare de l'Orient.
Cette contrée d'un diable riant,
Ne sert plus qu'à prier au désert.

Je m'exile, sincère.

RAID VERS LE SUD.

Vers des terres rares
Vers des terres rudes
Vers des terres d'art.

Seul en compagnie des hommes.

Durant ma course, mon initiation et mon périple,
J'ai trébuché sur un condisciple.
Il gisait, face contre terre,

Et arpentait le cosmos.

« Ce sera mon partenaire ! »
                    Ma clef et mon Poros.

Cette vieille branche, désespérément poétique, m'insufflait le
                    goût du contingent.

À ses côtés ; j'étais le maître d'un harem de muses antiques.
Mon œuvre, ma prose et mes vers : fruits de sa dialectique.

            « Parce que c'était lui ; parce que c'était moi. »

Mais comme la décharge de sang et de génie,
Que provoque, dans les corps finis,
Un baiser fantasmé,
De cons enthousiasmés,

Cette sainte heure, précis du génie classique,
Ne plut pas aux apostats du cœur de l'Afrique.

Et, je vous en parle, lecteurs,
Comme le ferait un moraliste.
Ne suivez pas l'exemple de ces marauds,
Qui finirent la tête tranchée par des bourreaux,
Aux mœurs délurées et salafistes.

La dernière parole de l'exilé, je vous la livre,
Elle dormira paisiblement
Au creux de ce livre.
Et c'est tant mieux !

« Mon ami, mon frère, mon âme...
Goûte une fois à mes larmes,
Et décris-moi les saveurs, de ce que j'offris à boire
Pendant deux siècles de déboires,
Aux heureuses putes d'Alger,

Et à l'ensemble de mes maudits cahiers. »

L'esthète involontaire,
Celui qui n'offrait ses vers, qu'aux vents sahéliens,
Eut cette réponse digne d'un Voltaire célinien,
Dont le monde parle encore :
« Mon ami, nous sommes poètes,
Et heureux les poètes
À la tête loin du corps. »

La hache tombe.

Du caractère ultra-libéral de la poésie, malgré une âme
humaine garante de la beauté classique des vers

La poésie qui m'habite
Est celle des barbares.
Sa puissance circonscrite
Est la veine de notre art.

Viens, esprit !
Des représentations,
Des mondes antérieurs.
Je te dédis,
Les quelques pages testamentaires
De ce recueil de la folie.
Loin des faux-semblants élémentaires
Je sonne l'hallali.

Tu habites ces quelques lignes,
Je le sais...
Et tu reviendras des âges
Pour hanter les troubadours vagabonds
De notre dynastie de moribonds.

Cherche,
Et tu nous trouveras partout.

Partout sur les plages,
Ces percées insulaires, fiefs et bastions,
Dans l'anarchie heureuse
Des océans primitifs.
Règne d'une paix criante de perfection,
Qui alimente mon trouble cognitif.

La rive sableuse,
Terrible mutine travestie,
Dans les circonstances de sa fragilité,
Appelle les désespérés de tous bords,

Pour colmater, à grands déversements
De larmes salées,
La faillite du domaine messéant.

La poésie a sa syntaxe,
Moi je l'appelle « néant ».

Amour au temps prénéantique

Tu ne le sais pas encore ;
Mais mes mains sont maculées de sang.
Et quand je promène mes doigts vengeurs
Sur ta peau immaculée,
Je la marque,
Au fer ; de mes phalanges assassines.
Les cicatrices que je laisse partout, sur ton corps vierge,
Se réveillent.
Elles plongent ton être tout entier ;
Dans la torpeur et le délice.
Tu souffres et tu jouis.

La violence et l'amour sont les deux bras
D'un dieu vengeur.
Qui tue aime,
Et qui aime tue.
Voici la dialectique de la passion véritable.

Exitium Iovis

ou
La commodité du burlesque en grand habit

Par Arthème Fabre

« *L'homme en cette époque agitée,*
Sombre océan
Doit faire comme Prométhée
Et comme Adam. »

Victor Hugo, *Les Contemplations*, « Au bord de l'infini »

„*Da rauchten*
Lebendiger die Quellen, es ahtmeten
Der dunkel Erde Blüthen mich liebend an,
Und lachelnd über Silberwolken
Neigte sich segnend erab der Aether."

Friedrich Hölderlin, „*Geh unter, schöne Sonne...*"

Je veux être à jamais celui que l'on ne croit plus :
C'est la marque de Dieu sur le front de ses derniers soldats,
Que le monde rejette et que Rome avorta,

Qui saignent sur la terre une lueur d'Évangile.

La chair, le monde, et celui qui les manie, sont les couteaux
                                        [noirs
De cette salope d'Envie.
Dans les veines illuminées des plus saints des hommes,
Panorama sanglant : un jet de cœur macule le péché de vertu.

La nascita surreale del profeta

L'air froid que le soir apporte dans le paquet mystérieux du
crépuscule m'enveloppe,
Et je dors.

Sortant de moi,
Je me vois sortir dans la nuit,
Longer la voie lactée
Récupérer le lait maternel :
J'annonce Junon.

Je suis l'Hercule que les temps n'ont jamais révélé
Et je sors seul de ma tanière
Brisant les liens de la commodité morale,
Qui scellaient cet habitacle,
Trop petit pour mon âme,
Suffisant pour celles qui devront me suivre.
Arrivant au palais de cette déesse-mère, mes deux genoux
                    [ploient à la vue de ma divine génitrice,

« Mère, dis-je, voici que dans vos bras je me remets
maintenant, pour que vous me donniez le glaive de la
résurrection poétique de ceux que le monde avorte »

   « Bénis sois-tu, enfant, va, vois, vainc, et redonne un sang bleu
                    [à ceux qui ne croient plus ».

Un nuage d'étoile raille la scène,
Rien. Et je ne dors plus.

Je n'ai plus de mère,
Plus de muscles,
Mais,
Sur mon torse

Un glaive.

Lecteur ! Vieille sangsue !

La poésie se saigne,
Je saigne,
Lecteur tu bois mon sang.

Tu ne seras repu qu'à la fin de ces vers,
Voici ton heure, vampire !
C'en est fait de ton règne.

La fin de Zeus
ou
Le viol de Lède

La vierge émasculée de sa Vertu,
Lède,
Ah ! Garnement de Jupiter !
Salaud.
Le tonnerre a frappé, il a violé,
le cygne-Dieu
Ingrat à l'envie impatiente
trépigne. Et ceux
Qui l'ont vu,
En sont malades.

La chair
Dans   le
Cynisme
Lui a
Volé
Ses ailes,

Il chute. Ah !

Le ciel s'ouvre :
Le piaf s'écrase,
Il s'est fait oiseau de péché.

Jugement premier :
« Humains, voici votre grand Dieu !
Brisez ses effigies,
Il est tombé, le fol,
On range ses idoles. »

Mort ! Zeus est tombé !
Et non-Alléluia.

À ma Muse la poésie

Tu peux rien,
Poésie.
Pas le pont, ni le fleuve,
Ni un Midas abstrait,
Ni un vrai Caïn.
Triste écriture
Comment te dire ?
Pars ! Réveilleuse de mes rêves morts.
Revenante, qui porte avec elle le cadavre pourri
De ses tourments.
Repars !

Ce à quoi songe un vrai amant consciencieux
ou
Ce à quoi songe un vrai amant

Entre le rire, la fête,
Et
La profondeur de l'âme qui se trouve en silence,
C'est un pas dans le vide :

                                       Franchirai-je ?

Oui,
Entre mes jambes, le vide.

Ce gouffre infernal avait des allures d'Enfer
En y tombant finalement,
J'y ai croisé un amant qui chutait depuis mille ans, sans jamais
              [toucher le feu qui mettrait fin à sa souffrance :

« Regards, hésitations, questions,
Gouffre du bleu des yeux.
Je ne veux pas détruire l'édifice
De la tension jouissive. »

      « Quel édifice que celui de plâtre ? » lui dis-je.

« Nullement autre chose que du vent.
C'est superficiel.
Je serai le briseur d'idole.
Alors je l'embrasserai ou ne le ferai pas.
Soit l'un, et le vent de la passion m'emportera dans ses
transports les plus hauts,
Avec l'air de me dire, criant dans les nuées : "enfant, vole, tu
as accompli quelque chose, préserve-le, et dore-le chaque
matin".
Soit l'autre, et l'envie me gagnera et me fera retourner chaque
matin dans ses bras vénéneux,

En me disant, mielleuse et grognasse : "Esclave, dors, ma morale de bourre t'assure l'élévation tout en haut des montagnes, où l'on s'abstient d'aimer".

Aime. Que ça qui vaille » a-t-il conclu.

Imitation de Jésus Christ au temple

Je serai le briseur d'idoles,
Que le monde a construit,
Je ferai brûler, hydre à cent têtes, ta bannière insolente par le
feu de l'insolence elle-même,
Tu fondras comme un cierge au soleil d'une Méphisto de feu,
Cette pute,
Je la haïrai de tout ce qui n'est pas mon cœur,
Car je n'ai de cœur que pour adorer Dieu.

Il faut tout brûler.
La cage des songes honnêtes
Dans le foyer ardent
De ces muses qu'on brûle,
Sera la source de notre poésie.

On fera des rois avec des vrais haineux,
Et sur leurs trônes en diamant noir,
Ils crieront :
« Ordonnance ! »
Et quatre milles scribes écriront : « Ordonnance ! »
Pas de conseil.
Rien que des arbitres injustes.
Sur la mièvre terre
La nation Poésie,
Brûlera de nos plumes,
Avec elle brûleront
Les songes indignes de son nom, bâtards de la Nostalgie,
enfants de la putain Commodité.
Et elle renaîtra :
Palingénésie.

Il est temps de brûler vos cercueils.
De sortir du soleil ébranlé,
Elle est présente au milieu de nous,
Elle brûle.

Ce à quoi la morale donne lieu

Un enfant de Paris chantait. Passant, j'ai recueilli ses douces
paroles :

« Regarde mon étole poétique,
Subis le viol prophétique.

Méfie-toi poétesse,
Chez nous,
On aime les femmes.

Alors crois-tu que tu pourras écrire quand nous serons rois ?

Tu seras trop heureuse pour écrire quoi que ce soit,
Trop paisible.
Tu auras la couronne
Mais pas la Poésie

Et si tu enfreins l'ordonnance
De ses fils-rois.
Tu brûleras avec le feu de l'Insolence
Qui ne s'éteint jamais,
Que nous portons en torche. »

Je suis partout

Je suis partout,
Dans vos rêves paresseux
Que la lumière habite,
Timide,
Sur un cheval de pierre
Baptisé dans l'encre :
Insolence.
Je suis partout
Je chevauche la terre brûlée,
Et ma croupe la feuille
Que ma main déifie,
Est d'or.

Je suis partout,
On accourt à mes noces
Baptisées dans le sang :
J'ai donné ma main droite
À la Muse
Que tous ont déjà courtisée.
Vraie catin des nuits blanches,
Que la feuille convoque
Que la plume déflore.

Nous sommes partout,
Poètes, prophètes et rois,
Nous brûlons tout
Vos soupirs nostalgiques collés sans style
Votre contemplation bavarde
Et bâtards états d'âme
Au demeurant toujours habités par un sous-dieu païen.

Priez pour nous, badauds,
Dans la rixe ce soir,
Six bras amputeront
Tous les faux poètes.

La poésie a donné naissance à une race impotente :
En tétant son élixir, tes fils t'ont arraché le sein droit
Et l'on vomi sur feuille, s'érigeant en génies.
Pas de nom, on pardonne, on veut la renaissance
Triste épisode sanglant : on a la guillotine entre le pouce et
l'index.

Le royaume de Dieu sur terre, c'est la violence des acharnés
qui veulent sauver des âmes.

La généalogie d'un prophète

J'ai vu le jour au milieu du monde,
Je ne l'ai pas vu,
Il y avait trop de nuages,
Je suis de ces contrées que les gens fuient ;
Où le soleil est un dieu
Car il est invisible,
Et le peuple incroyant,
Car il ne chauffe pas.

Je suis le fruit d'un temps,
Qui a accouché trop tard,

                                                      J'erre
Entre les arbres verts, et leurs branches mortes fourmillées
que la nature a tuées.

Je suis né dans le sein d'une mère, douce et pieuse,
Et je n'ai pas de père, j'étais jeune, il est mort,
J'ai vu la vie branlante, dans ses joues pâles et creuses
Dans un corps décharné : là où l'homme s'endort.

Je chante la Fortune,
Elle m'a fait ainsi,
J'ai quitté la province de mes rêves avortés
Je n'y reviendrai pas.

Serpent : mon âme est telle
Et mue chaque seconde,
Ma parole, c'est l'orage
Où le ciel accouche le soleil,
Et mes songes sont
Des naissances éternelles.

Chaque matin je sors d'un ventre différent :
Il brûle dans mon esprit, j'ai trop chaud et je sors.

« Alors ? dis-je en voyant un monde hanté,
Quand le loup n'est pas là, les moutons
fanfaronnent »
Une foi, deux fois, trois fois,

        « Ordonnance ! Qu'on les égorge ! ».

Enfin, comme j'arrivais au sommet de ma prédication,
Il a fallu que le tonnerre se joigne à ma parole.

*La fin tragique d'un faiseur de poèmes qui n'écrivait que
par accomodance*

Il gigote, le poétiste
Il convoque les dieux.

Mais qui écoute vraiment un faux cri ?
Tu n'as pas soif et tu bois, maudit sois-tu !

Allons, allons,
Spectre, viens lui dire.

*Il s'éveille, heureusement, sa tâche est agréable.
Trois cents meurtres par jour, ma foi, c'est honorable !*

Il marmonne sa liturgie habituelle :
    « Ô mère qui m'envoie, ton bâtard gangrène ton sein, bénis
    mon poignard. Que ce bougre connaisse par-là au moins une
            fois le vrai goût de ton lait »

Par derrière, lentement, il vient le verbe-en-crime,
Il l'égorge, son cou s'est ouvert et il saigne.

*Enfin il a été fait poète, mais il a fallu que les enfers le
trouvassent.*

La pesée des plumes

Plus de siècles,
Les poètes seront tous au firmament,
Le barreau sera vide, ils se défendront seuls.
Hein ! Si la verve ne leur est pas une arme, on les tuera d'un
commun accord.

Les preux resteront,
Unique jugement pour tous.
Ils seront des millions, ceux que l'on condamnera,
Tous ces faux-apôtres se traineront lourdement,
A leurs pieds les boulets de leur style efforcé
Irriteront les chevilles,

Ils crieront :
« Nous ? Faux-poètes ? Oh ! insolents de malheur !
Nous sommes les moraux ! On écrit de bonne heure
De beaux alexandrins ! Graves et conservateurs ! »

Mais qui entendra le cri de la jactance stérile ?

Ce sera le treizième jour,
L'Apocalypse des faux-semblants
Triomphe des malhonnêtes
Que sont les rois poètes.
On brûlera la campagne pour que les fuyards y meurent,
Mais ils infertiliseront la terre,
Alors on les rattrapera pour leur couper les jarrets.

Le peuple
Enhardi par le lait qu'il tètera désormais.
Jettera des tomates,
Et ceux qui mourront, seront une dernière fois humiliés.
Ils seront couverts de nos crachats.

Introspection poétique
ou
Soupirs d'un romantique engoncé dans son frac

Les trois sœurs, ô fantasques appâts des jours de pluie,
Se tenaient, enrobées de dentelles de nuit,
Et leur parfum d'étoile soulevait mes narines,
Et mes yeux envoûtés par ces nymphes marines
Me faisaient voir du feu là où c'était de l'eau,
Et ma bouche fermée à ces doux théorèmes
Me faisait boire du laid, en le prenant pour beau,
Et prendre pour bouquets des petits chrysanthèmes.

J'ai regardé le bleu feuillu de mon automne,
Et fermant mes paupières, j'ai aperçu un homme
Sa tête était baissée vers le sol noir et froid,

Il était sans visage et s'est tourné vers moi,
Prenant de mon enfance, j'ai tendu une main
Qu'il a prise, et j'ai vu, dans sa tête sans teint,
Un petit miroir où se reflète le cœur,
Cet homme c'était moi, et ce dont j'avais peur
N'était qu'illusion car il a pris ma main :

Je suis mon propre frère.

Essai sur la jouissance macabre

Méphisto vint me voir, il était minuit,
Sa peau noire d'orage me fit trembler.
Éternelle vision de cet instant tragique :
Je la laissais venir dans ma couche.

Agenouillée comme on l'est devant sa proie,
Elle l'était.
Elle me suçait le sang. Je n'eus bientôt plus rien.

« Renie ton Dieu, me dit-elle, c'est facile, vos saints l'ont déjà
fait ».
Elle partit.

Dans le calme plat d'un crime
Agréable et sanglant, chaud,
Dont j'étais la victime,
Mes yeux voyants se sont ouverts :
C'est le sort de l'Enfer,
Il produit des prophètes au cœur froid.

J'ai conspué avec les spectres :
Royalement mandaté,
J'ai le cierge éteint
Je l'allume
M'apprête à brûler
Tout ce qui déjà se consume.

Malade fidèle, je porte mes promesses
Et le sang qu'elles impliquent.

Gesticulations macabres de ses membres soûls :
Sa danse,
Parlait aux yeux tranchants de mes tourments jaloux,
J'avais
Colmaté le triste trou, la tache de mon cœur.

La vague aux jambes, la diablesse tournoyait :
Spectacle enivrant que mon regard buvait, Il
n'y a pas eu d'hésitation
Dans l'océan de son alcool :
J'ai choisi l'infortune.

« Eh bien, descends, pure coupe de cristal ! »₁
Folie accablante
Car ton fût sera bientôt vidé.

Pied farouche dans la piété, ce mur incompris.

Je marche en noir
ou
La litanie du Caïn de Bloy

I.

« Ah ! Je suis un cynique et je suis misérable,
Je pensais que le verbe ne me changerait pas,
Mais il s'est incrusté, a refermé ses bras
Sur mon âme ballante qui ne respire plus

Il s'est incrusté le mauvais verbe noir.

Happant mon énergie à louer le louable,
J'étais un le matin, et j'étais deux le soir,
Je pensais me construire, et ne pouvais me voir,
Quelle construction alors ! Comme une feuille d'érable
Je tombais à l'hiver et j'étais détestable.

Dans mon sombre océan de vices et de remords
J'ai plongé lentement et je me suis noyé,
Ne cherchant plus rien, pas même à respirer,
Ne cherchant plus rien, j'ai accueilli la mort.

Puis,
Dans mon petit cercueil fait de velléités,
Je l'ai vu, et d'un coup j'ai appris à aimer.
J'ai appris à tenir les chemins difficiles,
Qui menaient jusqu'à Dieu, dans le sursaut des vils
Instincts primaires, charnels, petits amours, terrestres.
Je savais qu'avec elle j'allais dépasser
Les plus hautes montagnes et les plus hauts sommets
Allant vers les étoiles par les chemins étroits ».

II.

Ainsi vagabondait mon âme, passé minuit.

Je n'ai plus de souvenir
Rien
Que la mer qui bouge
Roulis incandescents de la braise liquide.

Cœur râle,
Il veut des tourments.

Elle va s'arrêter,
La mer,
Se vider de son air ;
Mais elle revient sans cesse,

Si elle partait,
Ô dieux !
Cela serait sans doute
Un sentiment
Odieux.

Récit de l'empoignade du narrateur avec lui-même,
dont le vainqueur, inconnu pour l'heure, s'est fait devin-
nomade

I.

Dans le poivre feu de l'aubépine,
La gueule de fer, mon esprit,
Jaillit dans une douleur intense
J'aurais voulu être incapable
Ne rien comprendre dans la nuit.
Que j'ai mal ! il fait si froid au fond
De mon être et quand le verbe
Surgit, c'est la chaîne qui brûle
Mes chevilles.
Malheureux prisonnier de moi-même
Il n'y a que Pierre, avant que d'être Saint
Qui peut voir et comprendre
L'ambivalence maladive
Qui m'habite et me
Détruit.

II.

Minuit, minuit, minuit,
Sonne.
Plus de trois fois.

Mon malheur revient,
Ah toujours !
Diable au feu, tes outils,
Ils me torturent le soir.
Je ne sais rien,
Je n'en dirai pas plus,
Arrache-moi tous les membres
Je ne cracherai que le malheur

Dont tu es l'inépuisable source.
Le venin dans tes crocs malades et méchants :
Infâme élixir !

III.

Il m'est arrivé de crier aux foules,
Sans pour autant rien dire, un
Hurle-au-vent de malheur :
« L'apocalypse n'est pas tendre,
Elle vient,
La femme déchaînée
Qui arrachera les poètes indignes à leurs songes merdeux. »

L'éternel printemps
De mon âme et j'arrive,
Sur la grève,
Je crie
Dans les cailloux.

Ta main dans le fleuve
Où l'or coule en feuilles,
Ne se repaît jamais.

Il fallait que j'allasse
Au fond,
Goudronneuse   mélasse
De mon âme et je prive,
Dans mon être,
Mon cœur d'une contemplation.

IV.

Coup de pied dans le tas de feuilles tombées la nuit dernière.

L'Héraclitéen

Par Baudouin d'Héricourt

« *Le travail est la prière des esclaves. La prière est le travail des hommes libres.* »

Léon Bloy

Suite. Et fin ?

C'est comme la fin d'un rêve qui fuit à l'horizon,
Un Soleil qui se noie dans la nuit qui a point.
Il s'en va, l'idéal que jadis tous ont oint,
Et naît pour nous damner une fatale prison.

Autrefois j'étais prince d'un royaume du Nord ;
Elle vint, vit, et me déracina,
M'arrachant à l'étreinte glacée de la Mort,
Qui dans un monde sans vie m'entraînait déjà.

Et lorsqu'il n'est resté qu'un bureau dans la neige
Au milieu d'un fjord depuis longtemps déserté,
J'ai dû partir et suivre le cortège
De ceux qui cherchaient une vie à trouver.

J'ai traversé les monts et les mers,
Poursuivi toujours vers ce que j'avais fui.
Franchis, les fleuves, passés, les cimetières !
Je retrouve un pays qui toujours se languit.

Il languit des ors que la brume a voilés.
Il languit de l'acier que la boue a sali.
Il languit de ses filles que le monde a souillées.
Il pleure sur un diadème dont parfois il a joui.

Le rêve a maintenant passé par-delà le ciel
Et une lune blafarde parodie le Soleil.
Ils ont chassé l'idéal que remplace le fiel :
L'aigle victorieuse par une vile corneille.

J'étais prince, nous voilà candélabres
D'un idéal qui revient chasser la brume, laver la boue et
                                        [retrancher les damnés,
Restaurer ce qui fut oint, par le verbe ou par le sabre.

Prophète en son pays

I.

Nous avons parcouru le pays pour prêcher la parole
Que peu ont entendue et nul n'a accepté.
J'ai visité les lacs et lui vit les forêts,
Portant avec le vent notre parabole.

Ce furent trois cavaliers qui passèrent les monts
Pour annoncer à tous la résurrection prochaine ;
Mais pour tout compagnon, nous avons trouvé une vilaine
Dont le mari mourut — voici vingt ans — du poumon.

Quatre mousquetaires, chevaliers de l'Apocalypse
Vinrent ensuite en ville pour parler à la foule :
Nul ne nous écouta. Et la houle
D'une masse abrutie ne vit jamais l'éclipse.

II.

Nous prophétisâmes, chevauchâmes, jusqu'à nous briser
Les os. Personne pour nous écouter, personne pour voir le
[Soleil
Coucher sur la Terre sans laisser de Lune pour les veilles
Qu'on a dans les nuits noires. Mais puisqu'ils sont aveuglés,

Qu'ils refusent la vérité, pourrons-nous les sauver ?
Notre mission sacrée, bénie par quelque Grand Occulte
Nous a été arrachée ; et nous échappons au tumulte
À grand' peine. La foule voudrait nous crucifier.

Pieux martyrs d'une cause perdue
Nous allons les chemins et fuyons par les villes
Méprisés de tous nous resterons dans ce pays dont les
                                        [membres débiles
Ne peuvent le sauver plus

Du Néant

Guerre

C'est un appel aux armes lancé,
Une prière à la violence.
Dans le soir, un tambour a retenti :
Déjà la Vieille pousse ses bataillons.

C'est une bagarre au pied-à-pied
Qui nous attend jusqu'à ce que la renaissance
Du jour disperse les vagues qui viennent mourir ici.
La Bossue veut détruire toute trace de nos positions,

Elle veut régner en maître, la Lune,
Cette mégère parodique qui se rêve tyran !
Mais jamais nous ne pourrons céder face à cette brune
Antithèse ; le jour vivra en nous au dernier instant.

Enfumant la place et déchaînant le Néant,
Mort et Bossue vont main dans la main.
Elles veulent nous arracher jusqu'au souffle du vent.
Les chevaliers de l'Apocalypse seront jusqu'au matin,

Immortels croisés, des martyrs de leur prophétie.
Ils ont échoué à convaincre ; ils ont supplié et prié
Pour échapper au supplice que subit
La houle de la masse. Enfin, puisqu'il faut porter

Au monde le feu et le fer,
Qu'on se batte avec courage.
Il est l'heure de faire la guerre.

Mort

De la neige à la boue,
Comme d'autres vinrent à l'or de la boue.
Assis, brisé par le couple sinistre
Qui vainquit trois garçons à face de bistre.

Nous prîmes les armes pour défendre le Jour.
Après avoir traversé le monde, nous étions prêts.
Mais, l'épée brisée,
Je dois admettre l'évidence qui entoure.

C'est vaincus que nous périssons,
Comme chaque homme qui s'en va.
Couchés, hurlant la rage que nous étreignons,
C'est l'impuissance qui envahit chaque cœur qui bat.

Je cèderai à la caresse glacée de mon ennemi
Que j'ai pourfendu plus d'une fois.
Ses laquais ne pourront se gausser de ce que j'ai subi :
J'étais le dernier des trois.

Parce qu'il faut abandonner,
Qu'elle vienne me chercher, la mégère !
Je titube en sortant du cratère
Qu'en luttant on a creusé.

Mieux vaut mourir debout...

Résurrection

Plus qu'un air de vie, c'est un vent de vigueur
Qui perce la brume, la boue, et refoule les cadavres.
Nous ne pouvons pas mourir, mais attendre notre heure
Pour persévérer : pressons sans prudence vers le havre

De corruption dans lequel elle a fait son nid.
D'un rire aigu elle nous pointe un doigt crochu,
Comme une sentence qui nous traîne à la mort de la vie ;
Mais elle croit qu'elle nous a déjà vaincus.

Nous avons porté un oracle, nous portons sur nos épaules
La renaissance d'un monde qui perce sous les ruines.
Palingénésie ! C'est notre talisman, notre clé hors des geôles
De la Mort, un manteau qui nous garde de ses bruines,

Effluves corrupteurs de la Bossue.
Mais que peut-elle maintenant ?
Nous avons chassé ses serviteurs cornus,
Vaincu le Néant.

Les chevaliers de l'Apocalypse
Mènent une croisade qui durera toujours,
Vaincra les monstres qu'elle fit naître du gypse,
Chassera son obséquieuse cour :

Nous sommes de retour pour asseoir
Notre monde sur la vertu de l'âme.

Épilogue

« *Il y a quelque temps déjà que la rivière, le rossignol, les chemins traversant les prés ont disparu de la tête de l'homme. Personne n'en a plus besoin. Quand la nature disparaîtra demain de la planète, qui s'en apercevra ? Où sont les successeurs de Octavio Paz, de René Char ? Où sont encore les grands poètes ? Ont-ils disparu ou bien leur voix est-elle devenue inaudible ? En tout cas, changement immense dans notre Europe impensable jadis sans poètes. Mais si l'homme a perdu le besoin de poésie s'apercevra-t-il de cette disparition ? La fin, ce n'est pas une explosion apocalyptique. Peut-être n'y a-t-il rien de plus paisible que la fin.* »

Milan Kundera, L'Art du roman

Épilogue à six mains

Nous avons vu des porcs qui ne croient plus aux anges.
Nous avons vu le mal nous traîner dans la fange.
Nous avons tout écrit sur le monde et ses vices.
Nous avons tant cherché l'horreur et ses complices.

Très loin devant les lois, nous marchons en avant,
Armés des idéaux de nos glorieux savants.
Nos lignes ordonnées sont prêtes pour l'assaut
Toujours parées à battre en l'honneur des faisceaux.

Nous avons tout brûlé, et la feuille et la plume.
Nos soupirs sont du Beau l'infatigable écume.
Nous avons harassé les poètes du monde Qui
vomissent sans cesse des pensées infécondes.

On dira que nous sommes insensés, prétentieux
Des poètes immoraux, aux poèmes miteux,
Précocement séniles, qui s'érigent en dieux,
C'est le cas, pensez-vous, mais le plus grand honneur,
Est pour les grands génies : « Tu es fou ! Tu fais peur ! »

On fera de nos rimes, des femmes adultères,
Car elles feront frémir les universitaires :
« Mauvais rythme ! Hémistiche ! La diérèse fausse tout !
Vous n'êtes pas poètes, mais vous êtes bien fous ! »

Malheureux pharisiens, vous qui jetez des pierres,
Souvenez-vous dès lors qui jeta la première.
J'entends la voix de Dieu, et elle me dit d'écrire
Autant que je pourrais avant que de mourir.

Que nos vers se déclament sous les dômes érudits
Ou dans le fond des caves tel un hymne interdit
Nous rêvons d'avoir eu, comme Bilal en son temps
Le génie du discours de tous les résistants.

Âmes du monde libre, engagez-vous toujours
Contre la fausseté, contre le demi-jour,
Contre la vertu moderne et toutes ses promesses
Pour la contemplation et la douce allégresse.

Heureux les ambitieux à l'index levé
Qui un jour, laissant tout, ont élevé l'épée
Du renouveau sincère et sans concession :
La fin du règne impur des Sages de Sion.

Heureux ceux dont la chair est la cité du mal
Et qui sont destinés à la morgue immorale,
Car ils sont les héros de la lutte intérieure,
Ce sont les vrais chrétiens sans reproche et sans peur.

Heureux ceux qui se tuent la plume dans la main,
Heureux les suicidés qui croient aux lendemains.
La pleine intimité de ces quelques aveux,
Vous place déjà tous dans la gloire de nos vœux.

J'ai la fièvre des auteurs qui grelotte en mon sein.
Elle supplie, traîtresse,
Pour qu'on lui laisse les rênes de la main
Qui tour à tour alterne splendeur et paresse.

Je suis un des ratés qui orne le pavé :
Tantôt je veux écrire et tantôt je m'endors
Sur des monceaux de feuilles, brouillons et cahiers.
Chaque vers est un pas qui mène jusqu'à l'or

Qui exsude parfois quand j'en ai le courage.
Si je secoue le joug qui pèse sur mon dos
Je marcherai encore ; immortel pèlerinage.

Si je secoue mes vices pour en faire un *credo*,
Disparaîtront les rocs d'une vie que j'honnis
Et je recommencerai : Palingénésie.

Table

À vous, mes chers lecteurs..................................... 5

Prologue contre la moraline.............................. 9

Requiem des sentiments moraux

Palingénésie 13

Histoire du temps contemporain 15

Considérations métaphysiques 17

Au désespoir d'habiter demain l'Europe............. 18

Amor Fati, à mort prophétie................................19

Requiem des sentiments moraux 21

Hors-la-loi... 23

La caverne n'est plus vide 25

Scènes de la vie prénéantique

Marine périphérique, ou le baptême d'un juste...29

Nuit urbaine, vivre au temps de la prison minérale..31

Chronique 33

Dans une forêt primaire, loin 36

Poésie comme mystère 38

Choisir le néant 39

*Prospectives et vues alucides du monde
contemporain* 40

L'Asmodée 41

*Du caractère ultra-libéral de la poésie, malgré
une âme humaine garante de la beauté classique
des vers* 46

Amour au temps prénéantique 48

Exitium Iovis ou La Commodité du burlesque en grand habit

Sans titre 51

La nascita surreale del profeta 52

Lecteur ! Vieille sangsue ! 54

La fin de Zeus ou *Le viol de Lède* 55

À ma Muse la poésie 56

Ce à quoi songe un vrai amant consciencieux ou

Ce à quoi songe un vrai amant............................57

Imitation de Jésus Christ au temple...............59

Ce à quoi la morale donne lieu 60

Je suis partout.. 61

La généalogie d'un prophète............................63

*La fin tragique d'un faiseur de poèmes qui
n'écrivait que par accomodance*.........................65

La pesée des plumes... 66

Introspection poétique ou *Soupirs d'un
romantique engoncé dans son frac*..................... 68

Essai sur la jouissance macabre 69

Je marche en noir ou *La litanie du Caïn de Bloy* 71

*Récit de l'empoignade du narrateur avec lui-
même, dont le vainqueur, inconnu pour l'heure,
s'est fait devin-nomade* 73

L'Héraclitéen

Suite. Et fin ?..79

Prophète en son pays.......................................80

Guerre 82

Mort... 83

Résurrection 84

Épilogue

Épilogue à six mains...87

Crédits :

Dessin de couverture par Emma Fources
(Instagram @emma_fources)

Ingram Content Group UK Ltd.
Milton Keynes UK
UKHW021845140623
423431UK00015B/427

9 798413 022757